This Journal Belongs to:

_____

My Day

I saw...

I learned...

My Day in Words

_____

_____

_____

_____

_____

My Day

I saw...

I learned...

My Day in Words

My Day

I saw...

I learned...

My Day in Words

_____

_____

_____

_____

_____

My Day

I saw...

I learned...

My Day in Words

My Day

I saw...

I learned...

My Day in Words

_____

_____

_____

_____

_____

My Day

I saw...

I learned...

My Day in Words

My Day

I saw...

I learned...

My Day in Words

My Day

I saw...

I learned...

My Day in Words

My Day

I saw...

I learned...

My Day in Words

My Day

I saw...

I learned...

My Day in Words

My Day

I saw...

I learned...

My Day in Words

My Day

I saw...

I learned...

My Day in Words

My Day

I saw...

I learned...

My Day in Words

My Day

I saw...

I learned...

My Day in Words

_____

_____

_____

_____

_____

My Day

I saw...

I learned...

My Day in Words

My Day

I saw...

I learned...

My Day in Words

My Day

I saw...

I learned...

My Day in Words

My Day

I saw...

I learned...

My Day in Words

My Day

I saw...

I learned...

My Day in Words

My Day

I saw...

I learned...

My Day in Words

My Day

I saw...

I learned...

My Day in Words

My Day

I saw...

I learned...

My Day in Words

My Day

I saw...

I learned...

My Day in Words

My Day

I saw...

I learned...

My Day in Words

My Day

I saw...

I learned...

My Day in Words

My Day

I saw...

I learned...

My Day in Words

_____

_____

_____

_____

_____

My Day

I saw...

I learned...

My Day in Words

My Day

I saw...

I learned...

My Day in Words

My Day

I saw...

I learned...

My Day in Words

_____

_____

_____

_____

_____

My Day

I saw...

I learned...

My Day in Words

_____

_____

_____

_____

_____

My Day

I saw...

I learned...

My Day in Words

_____

_____

_____

_____

_____

My Day

I saw...

I learned...

My Day in Words

My Day

I saw...

I learned...

My Day in Words

My Day

I saw...

I learned...

My Day in Words

_____

_____

_____

_____

_____

My Day

I saw...

I learned...

My Day in Words

My Day

I saw...

I learned...

My Day in Words

My Day

I saw...

I learned...

My Day in Words

My Day

I saw...

I learned...

My Day in Words

My Day

I saw...

I learned...

My Day in Words

My Day

I saw...

I learned...

My Day in Words

My Day

I saw...

I learned...

My Day in Words

My Day

I saw...

I learned...

My Day in Words

_____

_____

_____

_____

_____

My Day

I saw...

I learned...

My Day in Words

My Day

I saw...

I learned...

My Day in Words

My Day

I saw...

I learned...

My Day in Words

_____

_____

_____

_____

_____

My Day

I saw...

I learned...

My Day in Words

_____

_____

_____

_____

My Day

I saw...

I learned...

My Day in Words

My Day

I saw...

I learned...

My Day in Words

My Day

I saw...

I learned...

My Day in Words

My Day

I saw...

I learned...

My Day in Words

_____

_____

_____

_____

_____

My Day

I saw...

I learned...

My Day in Words

My Day

I saw...

I learned...

My Day in Words

_____

_____

_____

_____

_____

My Day

I saw...

I learned...

My Day in Words

_____

_____

_____

_____

_____

My Day

I saw...

I learned...

My Day in Words

My Day

I saw...

I learned...

My Day in Words

My Day

I saw...

I learned...

My Day in Words

_____

_____

_____

_____

_____

My Day

I saw...

I learned...

My Day in Words

My Day

I saw...

I learned...

My Day in Words

My Day

I saw...

I learned...

My Day in Words

My Day

I saw...

I learned...

My Day in Words

My Day

I saw...

I learned...

My Day in Words

My Day

I saw...

I learned...

My Day in Words

My Day

I saw...

I learned...

My Day in Words

_____

_____

_____

_____

_____

My Day

I saw...

I learned...

My Day in Words

My Day

I saw...

I learned...

My Day in Words

My Day

I saw...

I learned...

My Day in Words

My Day

I saw...

I learned...

My Day in Words

_____

_____

_____

_____

_____

My Day

I saw...

I learned...

My Day in Words

My Day

I saw...

I learned...

My Day in Words

My Day

I saw...

I learned...

My Day in Words

_____

_____

_____

_____

_____

My Day

I saw...

I learned...

My Day in Words

_____

_____

_____

_____

_____

My Day

I saw...

I learned...

My Day in Words

_____
_____
_____
_____
_____

My Day

I saw...

I learned...

My Day in Words

My Day

I saw...

I learned...

My Day in Words

_____

_____

_____

_____

My Day

I saw...

I learned...

My Day in Words

My Day

I saw...

I learned...

My Day in Words

My Day

I saw...

I learned...

My Day in Words

My Day

I saw...

I learned...

My Day in Words

My Day

I saw...

I learned...

My Day in Words

_____

_____

_____

_____

_____

My Day

I saw...

I learned...

My Day in Words

My Day

I saw...

I learned...

My Day in Words

My Day

I saw...

I learned...

My Day in Words

My Day

I saw...

I learned...

My Day in Words

My Day

I saw...

I learned...

My Day in Words

_____

_____

_____

_____

_____

My Day

I saw...

I learned...

My Day in Words

My Day

I saw...

I learned...

My Day in Words

My Day

I saw...

I learned...

My Day in Words

My Day

I saw...

I learned...

My Day in Words

_____

_____

_____

_____

_____

My Day

I saw...

I learned...

My Day in Words

My Day

I saw...

I learned...

My Day in Words

_____

_____

_____

_____

_____

My Day

I saw...

I learned...

My Day in Words

_____

_____

_____

_____

_____

My Day

I saw...

I learned...

My Day in Words

_____

_____

_____

_____

My Day

I saw...

I learned...

My Day in Words

My Day

I saw...

I learned...

My Day in Words

_____

_____

_____

_____

_____

My Day

I saw...

I learned...

My Day in Words

My Day

I saw...

I learned...

My Day in Words

My Day

I saw...

I learned...

My Day in Words

My Day

I saw...

I learned...

My Day in Words

My Day

I saw...

I learned...

My Day in Words